AF227259

INAUGURATION

DU

BUSTE DE BRÉZIN

FONDATEUR DE

L'HOSPICE DE LA RECONNAISSANCE

SITUÉ A GARCHES (SEINE-ET-OISE)

(14 octobre 1866.)

PARIS

PAUL DUPONT, IMPRIMEUR DE L'ASSISTANCE PUBLIQUE
RUE DE GRENELLE-SAINT-HONORÉ, 45.

1866

Administration générale de l'Assistance publique à Paris.

INAUGURATION

DU

BUSTE DE BRÉZIN

FONDATEUR DE

L'HOSPICE DE LA RECONNAISSANCE

SITUÉ A GARCHES (SEINE-ET-OISE)

(14 octobre 1866.)

PARIS

PAUL DUPONT, IMPRIMEUR DE L'ASSISTANCE PUBLIQUE

RUE DE GRENELLE-SAINT-HONORÉ, 45.

1866

INAUGURATION

DU

BUSTE DE BRÉZIN

FONDATEUR DE

L'HOSPICE DE LA RECONNAISSANCE

SITUÉ A GARCHES (SEINE-ET-OISE)

(14 octobre 1866).

« Comme je n'ai malheureusement ni père, ni mère, ni
« enfants, et que la loi me laisse maître de disposer de la
« totalité de mes biens..., je crois ne pouvoir en disposer
« mieux, qu'en accomplissant un projet depuis longtemps
« médité, qui est de fonder un hospice, sous la dénomina-
« tion : *Hospice de la Reconnaissance,* élevé pour la retraite
« de pauvres ouvriers âgés, dont le nombre sera déterminé
« suivant les moyens que ma fortune, que je laisserai à
« l'hospice, permettra. Pour y être admis, il faudra avoir
« exercé une profession de ceux que j'ai employés ; pour y

« entrer, il faudra être âgé de plus de soixante ans, n'être
« pas repris de justice, pouvoir fournir, sur sa moralité, des
« attestations dignes de foi ; aussi qu'il soit prouvé qu'on n'a
« pas d'autre ressource, et que l'on s'engage, avant d'y
« entrer, de s'y bien conduire en honnête homme, et que
« l'on consent à être renvoyé si l'on ne s'y conduisait pas
« bien... »

Ainsi s'exprime Michel Brézin dans son testament.

Ce bienfaiteur est décédé le 21 janvier 1828. Mais ce n'est
qu'après un laps de plus de douze années, que sa fondation a
pu être pleinement réalisée. D'abord, et dès 1834, après
diverses difficultés, 150 vieillards furent installés dans son
ancienne maison de campagne de Petit-l'Etang, et, sur l'em-
placement de cette propriété, s'éleva l'hospice actuel, d'après
les plans de M. Delannoy. Mais, cet architecte étant mort,
l'exécution de ses plans fut confiée à M. Gauthier. Les dernières constructions qui ont complété l'établissement, ont été
achevées de 1840 à 1843 ; le nombre des pensionnaires put
être alors porté à 300.

L'hospice de la Reconnaissance ne possédait aucun por-
trait de Brézin. Plusieurs vieillards, qui jouissent depuis
longtemps, dans cet hospice, de l'hospitalité qu'il a voulu
leur assurer, pénétrés de reconnaissance envers leur bienfaiteur, ont eu la pensée de faire revivre ses traits dans un
petit monument qui rappellerait aux ouvriers recueillis dans
cet asile, ce qu'ils doivent à cet homme de bien. Ils commu-
niquèrent leur projet à leurs camarades ; une souscription
volontaire s'ouvrit parmi eux ; des industriels éminents y con-
tribuèrent, et bientôt on réunit la somme nécessaire pour

acheter le bronze et la pierre d'un pédestal (1). M. Dantan aîné se chargea de sculpter un buste monumental de Brézin; M. Barbedienne consentit à le faire couler en bronze.

L'administration de l'Assistance publique ne pouvait qu'encourager un projet qui avait pour but de rendre hommage à la mémoire de ce généreux fondateur, et elle y donna son entière adhésion ; elle détermina plus tard la place que le monument occuperait dans la cour d'honneur de l'hospice, et, à la demande des vieillards, elle s'empressa de régler et de présider la cérémonie de l'inauguration.

Cette intéressante cérémonie avait été fixée au dimanche 14 octobre 1866, et pour qu'elle conservât son caractère de fête intérieure, aucune invitation officielle n'avait été faite. Le maire de Garches, ceux des communes environnantes et quelques propriétaires de campagnes voisines, avaient bien voulu se joindre au Directeur de l'Administration de l'Assistance publique et à d'autres représentants de l'Administration, et honorer cette fête de leur présence.

Dans la cour d'honneur, avait été disposé un abri demi-circulaire dont le milieu, en forme d'estrade, était occupé par les personnes dénommées ci-après :

M. Husson, Directeur de l'Administration de l'Assistance publique, Président, assisté de MM. Vée et Dubost, chefs de division; Ser, ingénieur, Poisson et Garnier du Bourgneuf,

---

(1) Tous les soins relatifs à la souscription et au monument de Brézin avaient été confiés, par les vieillards eux-mêmes, à une commission choisie parmi eux, et composée de MM. Aubron, Chapelier, Loyal, Guirand et Coutan (décédé).

chefs de bureau ; Brézin, directeur de l'hôpital Sainte-Eugénie ; Guy, directeur de l'hospice de la Reconnaissance ; le Dr Caillard, médecin de l'établissement, et Gallois, architecte.

Autour du Président, s'étaient placés : MM. Germain Thibaut, ancien président du tribunal de commerce, membre du Conseil municipal de Paris; le maire et l'adjoint de Garches, les maires de Saint-Cloud, de Sèvres, de Ville-d'Avray, de Viroflay, de Marnes, le maire et l'adjoint de Vaucresson. On remarquait aussi M. Dantan aîné, statuaire, et M. Barbedienne, fondeur. MM. Jouet, ancien négociant, et Cochery, avocat à la Cour impériale, avaient bien voulu se joindre à l'assistance.

Aux deux côtés de l'estrade, en retour, étaient assis tous les administrés de l'hospice, ayant à la boutonnière une fleur d'immortelle.

A 2 heures, le clergé a quitté la chapelle pour se rendre au pied du monument ; après que la figure de Brézin, jusqu'alors voilée, eût été découverte, M. le curé de Garches, assisté de M. l'aumônier de l'établissement, de M. le curé de Vaucresson et de M. l'aumônier du lycée de Versailles, a récité les prières d'usage et béni le nouveau monument. Le clergé a ensuite pris place en avant de l'estrade. Après divers chants et morceaux de musique, exécutés par l'orphéon de Sèvres et la musique de Ville-d'Avray, le Président s'est levé et a prononcé le discours suivant :

« Messieurs,

« Nous vivons dans un temps où il n'est besoin ni des privilèges de la naissance, ni des dons de la fortune, pour se faire une position honorable dans le monde.

« On y parvient par l'intelligence et le travail; on s'y maintient par une conduite droite et probe; on y grandit, on s'y met en lumière, en conquérant, par sa persévérance, la considération, et quelquefois la reconnaissance de ses concitoyens.

« Je n'en veux pour preuve que la vie même de l'homme simple et généreux, à qui l'on doit l'édification de cet asile.

« Michel Brézin naquit à Paris, en 1758. Son père, serrurier-mécanicien à la Monnaie, n'avait reçu aucune instruction, et il n'eut souci de faire acquérir à son fils des connaissances dont il n'avait pas lui-même senti le besoin, et qu'il jugeait inutiles, pour l'avenir qu'il lui destinait. Il le fit travailler dans son propre atelier, l'initiant par la seule pratique au métier qui était le sien, et c'est à peine s'il consentit à lui faire suivre un cours de dessin linéaire. Ce fut presque clandestinement que le jeune Michel apprit à lire et à écrire: encore les connaissances qu'il put acquérir ainsi, étaient-elles peu étendues, car il déclare lui-même, dans son testament, avec une modestie rare chez les millionnaires, qu'il écrit mal et qu'il met aussi mal l'orthographe.

« Mais sa vive intelligence et l'enseignement pratique qu'il reçut, en firent de bonne heure un ouvrier remarquable. D'un esprit hardi, entreprenant, et déjà sûr de lui-même, à un âge où la plupart des hommes ont à peine fait le premier pas dans la carrière, il quitta, à dix-huit ans, la maison paternelle, et s'arrêtant de ville en ville, étudiant et travaillant, il arriva à Bordeaux où un oncle maternel l'accueillit, lui procura du travail et, ce qui était peut-être plus précieux encore à cette époque, la protection du maréchal de Richelieu, gouverneur de la province.

« Les travaux de Brézin ne tardèrent par à être appréciés à leur juste valeur : sa réputation grandit, et il devint mécanicien de la Monnaie de Bordeaux ; il resta dans ce poste jusqu'à l'époque où son père le rappela auprès de lui, et lui abandonna son emploi de maître-serrurier à la Monnaie de Paris.

« Là, Michel Brézin donna carrière à son génie inventif : il proposa des améliorations, chercha à modifier les machines défectueuses alors en usage, en imagina de nouvelles ; mais, loin d'encourager ses efforts, les administrateurs de la Monnaie l'accueillirent froidement ; la jeunesse de l'inventeur faisai sans doute soupçonner en lui plus de présomption que d'expérience. Brézin, contrarié dans ses idées de progrès, ne se découragea pas cependant, et il quitta volontairement la Monnaie, pour se lancer dans l'industrie privée, qui lui offrait une liberté sans limites et sans contrôle.

« On était alors à cette époque qui suivit la grande crise de la Révolution et inaugura une ère nouvelle : à l'intérieur, la dépréciation extrême des assignats rendait urgente la reprise de l'usage du numéraire ; au dehors, la France, partout menacée, devait équiper quatorze armées. Les ateliers de la Monnaie, ceux des arsenaux étaient insuffisants pour une si grande tâche ; le gouvernement dut faire appel à l'industrie privée, et il chargea Brézin de préparer les bandes de cuivre nécessaires à la fabrication des nouveaux centimes. Brézin en fit ainsi, pour plus d'un million de francs.

« Il entreprit ensuite la fonte des canons, inventa un système particulier de forge ; établit, à Paris, sur le quai des Augustins, une forerie mue par une force hydraulique, et dut à l'activité qu'il déploya et au talent dont il fit preuve dans ces opérations, d'être placé à la tête de la fonderie de l'Arsenal.

« Brézin occupa ce poste difficile jusqu'en 1814. Il abandonna ces fonctions, lorsque Napoléon partit pour l'île d'Elbe, les reprit pendant les Cent jours, et les résigna définitivement en 1815.

« Il se retira alors dans sa belle propriété de Petit-l'Étang, où ses dernières années s'écoulèrent heureuses et tranquilles.

« Brézin mourut en janvier 1828, laissant une fortune de près de cinq millions. Veuf, sans enfants, il conçut la généreuse pensée de consacrer cette immense fortune au bien-être des ouvriers appartenant aux professions dans lesquelles il avait su l'acquérir, et, tout en faisant aux nombreux membres de sa famille une part de plus de 600,000 francs, il institua l'Administration des Hospices sa légataire universelle, à charge par elle de construire, sur sa propriété de Petit-l'Étang, un hospice de 300 vieillards ; il voulut donner à cet établissement secourable le nom d'*Hospice de la Reconnaissance*, nom magnifique qui atteste le sentiment dans lequel le fondateur lui-même résumait sa vie, et qui s'impose à tous ceux qui jouissent, dans cet asile, d'un repos que leurs labeurs et leur conduite leur ont mérité.

« Je sais que quelques biograghes de Brézin lui ont reproché d'avoir été quelquefois, vis-à-vis des ouvriers qu'il employait, exigeant jusqu'à la dureté ; mais, rigide observateur du devoir, sévère envers lui-même, privé de cette éducation qui, chez les natures ardentes, tempère les emportements et a le don d'adoucir les formes, il a pu être souvent, à son insu, rigoureux dans l'exercice de son autorité. Il ne faut donc pas s'en étonner, et, d'ailleurs, le grand acte de générosité qui a terminé sa carrière, ne l'absout-il pas de ce reproche vis-à-vis de la postérité ?

« Le sentiment de la reconnaissance, qui a fait édifier cette retraite, revit ici dans le cœur de ceux qu'elle abrite; j'ai été heureux de le constater. L'établissement ne possédait pas l'image de votre bienfaiteur : vous avez voulu vous la donner, et, par votre seule initiative, par les soins de vos mandataires, pensionnaires comme vous de cet hospice, que je remercie en votre nom et au mien, vous avez atteint le but de vos efforts.

« Ce buste qui est sous vos yeux et qui reproduit l'image de Brézin, vous le devez aux dons de quelques industriels éminents et à vos propres sacrifices, d'autant plus méritoires, qu'ils sont prélevés sur des bourses peu garnies ; vous le devez surtout au talent et à la générosité de **M. Dantan,** qui en a sculpté les traits, et de **M. Barbedienne** qui en a coulé le bronze.

« Saluons donc, Messieurs, l'image de votre bienfaiteur, et que sa mémoire, rappelée incessamment par le monument que l'hospice va posséder, soit en honneur parmi ceux qui vous succéderont, comme elle l'est parmi vous.

« Mais il est aussi d'autres bienfaits qui méritent votre reconnaissance : ils émanent de la sollicitude infatigable qui, malgré les rudes travaux du Gouvernement, s'occupe incessamment du sort des classes laborieuses. C'est par cette sollicitude active et constante, que les Sociétés de secours mutuels se sont multipliées sur toute la surface du pays, que la Caisse des retraites pour la vieillesse a été créée, et qu'en ce moment s'organise une institution qui sera, sous une autre forme, pour les ouvriers mutilés dans leurs travaux pacifiques, ce que sont les Invalides pour les blessés de la guerre. Assistance mutuelle en cas de gêne momentanée, aide efficace pour ceux qui, dans le cours d'une vie laborieuse, sont blessés sans pouvoir retourner au travail, prévoyance pour le repos forcé des vieux jours, tels sont les trois termes d'un programme aujourd'hui réalisé, et dont le but n'est rien moins que de restreindre, si ce n'est de supprimer la misère.

« Ce n'est pas tout, Messieurs. Lorsque les ouvriers ou les personnes qui ne peuvent trouver chez elles les soins nécessaires, sortent de nos hôpitaux après avoir recouvré la santé, ils ne sauraient, sans inconvénient et souvent sans danger, reprendre leur tâche quotidienne. Les principes d'une bonne hygiène conseillent à la fois, dans la plupart des cas, le repos et une bonne alimentation. La prévoyance de Montyon a pourvu en partie à ce besoin, par la création d'un fonds de secours en faveur des convalescents qui rentrent à leur domicile. Mais l'Empereur a voulu faire plus encore : il a institué, pour le département de la Seine, les asiles de Vincennes et du Vésinet où, pendant un séjour d'un mois, les convalescents jouissent de l'air pur et vivifiant de la campagne, et trouvent, dans une nourriture et dans des soins appropriés, une réconfortation qui leur permet de reprendre allègrement l'outil qui les fait vivre. Grâce au cœur de l'Impératrice, le

département du Rhône va être appelé à jouir d'un pareil bien-
fait. Et puisque j'ai nommé Sa Majesté l'Impératrice, je ne
dois pas omettre, dans cette nomenclature de tant d'idées
généreuses, ce que nous lui devons.

« A peine montée sur le trône, l'Impératrice, à l'occasion
d'un hommage de respect rendu par la ville de Paris, édifie
la maison Eugène-Napoléon où sont recueillies et élevées,
dans les conditions de leur état, des orphelines, filles d'ouvriers. Plus tard, l'orphelinat du Prince-Impérial place et
patronne les jeunes garçons, orphelins de père et de mère,
auxquels il assure également, par l'éducation professionnelle,
une situation convenable. Enfin, la Société du Prince-Impérial pour les prêts de l'enfance au travail, issue d'une pensée
ingénieuse et délicate, vient offrir à la bonne conduite et aux
bras courageux des moyens de travail, destinés à faciliter la
production, à faire disparaître la gêne, et à devenir quelquefois la source d'une première et fructueuse épargne.

« L'Impératrice. qui pense que l'habitude de la bienfaisance
doit tenir une grande place dans l'éducation d'un prince, a
placé ces institutions sous le patronage de son fils, élevé ainsi
dans la pratique de toutes les bontés.

« Cette sollicitude, qui se manifeste par des fondations
permanentes et durables, n'est pas moins active dans les
temps de calamité. Vous avez vu, l'an passé, lorsque Paris

était en proie à l'épidémie cholérique, l'Impératrice accourir dans les hôpitaux qui comptaient le plus de malades, et, sans se préoccuper du danger, sans fléchir sous la fatigue, aborder le chevet de plus de 400 d'entre eux, relever leur courage par des paroles pleines de la plus douce bienveillance, s'enquérir de la situation de leurs familles qu'elle veut secourir, et des orphelins dont elle désire assurer le sort.

« Lorsque le fléau sévit à Amiens et décime la population de cette ville, l'Impératrice s'y rend, visite les faubourgs les plus éprouvés, les maisons les plus pauvres, les malades les plus désespérés, et rentre à Paris laissant, après ces visites, aussi simples pour Elle qu'elles nous semblent courageuses, la consolation et l'espoir.

« Devant de tels actes, Messieurs, la reconnaissance n'a pas besoin d'être provoquée; elle gonfle les cœurs, elle éclate; elle fait naître, chez les hommes, ces mouvements expansifs et confraternels qui mettent en relief les beaux côtés de la nature humaine, et sont l'honneur des sociétés civilisées. »

Ces dernières paroles du Président ont été accueillies par des vivats répétés en l'honneur de Leurs Majestés et du Prince Impérial.

L'orphéon de Sèvres a exécuté ensuite une cantate composée en l'honneur de Brézin, dont les strophes ont été récitées par M. Bussine.

La cérémonie s'est terminée par une visite générale de l'établissement, conduite par M. le Directeur de l'Administration générale de l'Assistance publique, et le Directeur de l'hospice.

Imprimerie de PAUL DUPONT, rue de Grenelle-Saint-Honoré, 45.